Comida mexicana fácil

SAVEUR

GIROL SPANISH BOOKS
P.O. Box 5473 LCD Merivale
Ottawa, ON K2C 3M1
T/F 613-233-9044 www.girol.com

En un mercado en Fresnillo, México, una vendedora prepara gorditas, tortas de masa a la plancha rellenas con queso.

Comida mexicana fácil

37 recetas clásicas

SAVEUR

POR LOS EDITORES DE LA REVISTA *Saveur*

Planeta

En un supermercado en la Ciudad de México, salsas picantes yucatecas comparten el estante con cebollas, naranjas agrias y otros alimentos.

CONTENIDO

Introducción **6**

Una guía de los chiles
secos mexicanos **10-11**

ENTRADAS

Guacamole **15**

Sopa de tortilla **16**

Quesadillas de flor
de calabaza **19**

Sopa de habas **20**

Molletes **23**

Elotes **24**

Ceviche de camarones **27**

SALSAS

Salsa roja **31**

Salsa verde **32**

Chipotles caseros en salsa
de adobo **35**

Salsa de cacahuate y
chile de árbol **36**

Sikilp'ak **39**

Pico de gallo
con camarones **40**

Cómo remojar chiles **42**

Salsa de piña picante **45**

PLATILLOS
PRINCIPALES

Frijol con puerco **48**

Mole poblano de pollo **51**

Pollo horneado **52**

Sopa seca **55**

*Para preparar tortillas
de maíz* **56**

Pollo guisado **59**

Tacos de carne asada **60**

Enchiladas de mole rojo **63**

Huevos a la mexicana **64**

Asado de bodas **67**

Costillas de puerco
en salsa verde **68**

Enchiladas suizas **71**

Tacos de papa **72**

GUARNICIONES

Papas con rajas **77**

Cebollas en escabeche **78**

Arroz a la mexicana **81**

Frijoles de la olla **82**

Chiles toreados **85**

POSTRES Y BEBIDAS

Churros **88**

Camotes **91**

Frutos del nopal **92**

Budín de pan mexicano
con salsa de ron **95**

Paletas de mango
con chile **96**

Michelada **99**

Margarita clásica **100**

La alacena mexicana **103**

Mezcal **108**

Vinos mexicanos **109**

Tabla de equivalencias **110**

Índice analítico **111**

INTRODUCCIÓN

Tacos, enchiladas, guacamole y totopos. Apetecemos estos alimentos. ¿Y cómo no? La flamante exuberancia de la cocina mexicana (sus robustos sabores, colores y texturas) nos seduce. Nos sorprende y deleita el brillo de los limones, el dulce fuego de los chiles, el gusto terroso de los frijoles. Nos conforta la conmovedora profundidad de los estofados y de las sopas, las carnes asadas y las ricas salsas. Sin embargo, a pesar de que amamos la comida mexicana, apenas la conocemos. Los platillos que son familiares para la mayoría de quienes vivimos al norte de la frontera representan apenas una fracción del vasto repertorio de los sabores regionales mexicanos. Desde los frescos mariscos de Veracruz hasta los condimentados y contundentes pastes en Yucatán y el ahumado filete a la parrilla del desierto de Sonora, tú puedes saborear la diversidad —y la historia— en los platillos del país. Estos son alimentos con un profundo linaje. Una simple tortilla de maíz guarda en su interior la herencia de los aztecas. Pero, sin importar cuán intensos y complejos sean los sabores mexicanos, una de las mayores sorpresas de su cocina es la sencillez de su preparación. Con algunas técnicas básicas, detalladas en este libro, tú puedes apropiarte de estas recetas. ¡Qué placentero es celebrar a México en nuestras propias cocinas! —*LOS EDITORES*

Arculano Valenzuela, de San Pablo, México, disfruta un tazón de arroz a la mexicana (consulta la receta en la página 81).

En Juchitán, una vendedora prepara *bu'pu*, una bebida que suele comerse con cuchara y solo se encuentra en esa región de México; consiste en atole blanco cubierto por espuma preparada con cacao y flores plumaria.

UNA GUÍA DE LOS CHILES SECOS MEXICANOS

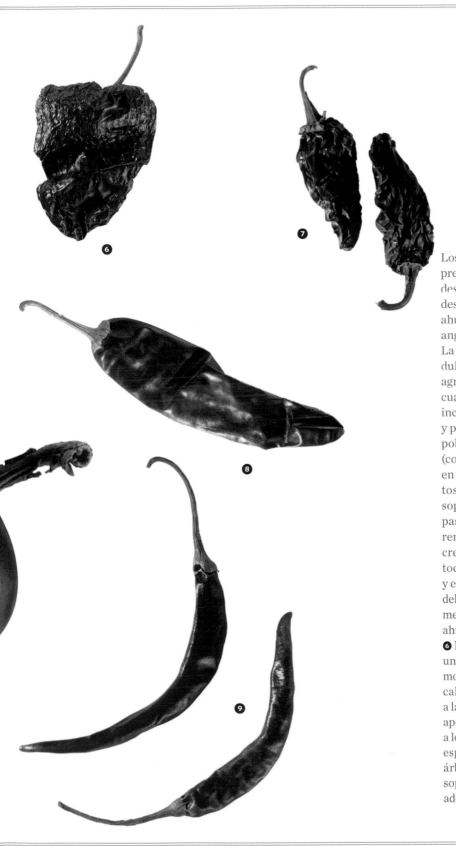

Los picantes chiles nativos, preservados a través de deshidratación solar, deshidratación por calor o ahumado, son una piedra angular de la cocina mexicana. La deshidratación concentra la dulzura, profundiza el picante y agrega complejas capas de sabor, el cual es transmitido por los chiles a incontables platillos. ❶ Los dulces y penetrantes anchos (pimientos poblanos secos) son remojados (consulta *Cómo remojar chiles* en la página 42) y rellenados o tostados y molidos para salsas y sopas. ❷ Los pasillas, con sabor a pasas, se utilizan en moles o se remojan y se mezclan con salsas cremosas. ❸ Los puyas agregan un toque cuando se muelen en salsas y estofados. ❹ La terrosa especia del cascabel enaltece las salsas de mesa. ❺ El chile meco, un chipotle ahumado, agrega sabor a las salsas. ❻ El meloso mulato negro agrega una profundidad achocolatada a los moles. ❼ Los chipotles agregan un calor amaderado a los marinados y a las salsas. ❽ Los guajillos aportan picor a las salsas de mesa, a los guisos y a las mezclas de especias. ❾ Los fieros chiles de árbol se agregan enteros a las sopas y los guisos o se muelen para aderezar salsas y marinados.

Entradas

En México existe una entrada sencilla para cada apetito, desde los adictivos aderezos y los mariscos frescos hasta las sopas y los bocadillos tan gratificantes para el alma.

GUACAMOLE

RINDE ALREDEDOR DE 4 TAZAS

Esta sencilla receta exhibe el sabor puro de los aguacates maduros.
A pesar de que por tradición el guacamole se prepara en un molcajete
(una versión mexicana de mortero y maja) un tenedor y un tazón de metal
funcionan igual de bien para macerar el suave fruto.

¼ de taza de cebolla blanca finamente picada

2 cucharadas de cilantro molido

4 chiles serranos, sin tallo, sin semillas y finamente picados

2 dientes de ajo molidos

Sal *kosher*, al gusto

3 aguacates maduros, cortados a la mitad, sin semilla, pelados y cortados en trozos de una pulgada

1 jitomate *saladet* sin corazón, sin semillas y finamente picado

Jugo de un limón

Totopos de tortilla para servir.

1. En un recipiente grande combina la cebolla, el cilantro, los chiles y el ajo; agrega suficiente sal y macera con un tenedor hasta obtener una pasta sólida.

2. Agrega los aguacates, el jitomate y el jugo y revuelve para mezclar. Macera algunas partes del aguacate al mezclar. Sazona con sal y sirve de inmediato con totopos de tortilla.

Nota de cocina: *lo más recomendable es servir el guacamole de inmediato pero, para mantener verdes los restos, presiona un pedazo de envoltura de plástico directamente en la superficie; así mantendrás afuera el aire que oxida el guacamole y lo vuelve marrón. Almacénalo en el refrigerador hasta que vayas a servirlo de nuevo.*

SOPA DE TORTILLA

6 PORCIONES

Esta sustanciosa sopa es un platillo adorado en la Ciudad de México y en otras partes del centro del país. Cebollas cambray rebanadas, aguacates macerados, chiles molidos, cilantro y una miríada de ingredientes adicionales pueden utilizarse para sazonarla justo antes de servir.

8   dientes de ajo aplastados

1   cebolla blanca grande, cortada en cuñas de una pulgada

2   chiles chipotles en salsa de adobo, comprados en tienda o preparados en casa

800   g de jitomates enteros, pelados, con su jugo, en lata

5   tazas de consomé de pollo

6   cucharadas de jugo de limón fresco

Sal *kosher* y pimienta negra recién molida, al gusto

Totopos de tortilla de maíz, comprados en tienda o preparados en casa

½   taza de crema o crema agria

1½   tazas de queso fresco o queso feta desmenuzado.

1. Calienta una olla de hierro de seis cuartos a fuego alto. Agrega el ajo y las cuñas de cebolla y guisa hasta que se tuesten por ambos lados, alrededor de 8 minutos. Retira del fuego y transfiere a una licuadora, junto con los chipotles y los jitomates; mezcla hasta obtener un puré suave.

2. Sirve la salsa de nuevo en la olla y calienta hasta hervir a fuego medio; guisa y mezcla hasta que se reduzca un poco, alrededor de 8 minutos. Agrega el consomé y reduce el fuego a medio bajo y cuécelo. Revuelve un poco para fusionar los sabores, alrededor de 10 minutos. Agrega el jugo y sazona con sal y pimienta.

3. Coloca un puñado de totopos en cada tazón y sirve la sopa encima. Adereza con crema y rocía el queso. Sirve de inmediato.

Nota de cocina: *los totopos de tortilla comprados en tienda son una alternativa conveniente para los preparados en casa.*

QUESADILLAS DE FLOR DE CALABAZA

4 PORCIONES

Las delicadas flores de calabaza son un relleno delicioso para las quesadillas, que por tradición se preparan con queso Oaxaca, un queso de hebra de leche de vaca que se asemeja al *mozzarella*.

2 tazas de queso Oaxaca o *mozzarella* rallado

4 tortillas de maíz de seis pulgadas

8 flores frescas de calabaza

Sal *kosher* y pimienta negra recién molida, al gusto

2 cucharadas de aceite

Aguacate macerado para servir

Queso fresco o queso feta desmenuzado para aderezar

Salsa, para servir (opcional).

1. Coloca media taza de queso rallado sobre una mitad de cada tortilla. Corta las flores de calabaza en la base para eliminar los tallos y desecha los estambres con forma de tubo que están en el centro de cada flor. Acomoda dos flores de calabaza sobrepuestas encima del queso en cada tortilla. Sazona con sal y pimienta y dobla cada tortilla sobre las flores y el queso para formar una media luna.

2. Calienta una cucharada de aceite en una sartén de doce pulgadas a fuego medio. Coloca dos quesadillas y caliéntalas. Voltéalas una vez hasta que el queso se derrita y la quesadilla adquiera un tono dorado por ambos lados, alrededor de 5 minutos. Repite con el resto del aceite y las quesadillas. Sirve en un plato y coloca encima el aguacate y el queso fresco o feta. Sirve de inmediato junto con tu salsa favorita, si lo deseas.

Nota de cocina: *estas quesadillas de usos múltiples funcionan bien con cualquier relleno. Si no tienes flores de calabaza, pruébalas con chorizo guisado y desmenuzado, cebollas caramelizadas y champiñones o col rizada y salteada.*

SOPA DE HABAS

4 PORCIONES

El secreto de esta sopa es una aromática base de jitomates, ajo y cebollas (llamada recaudo) que se prepara como puré y se saltea antes de agregar las habas a la olla.

2   tazas de habas peladas y secas

1   jitomate *saladet*, sin corazón y picado

1   diente de ajo picado

1   cebolla blanca pequeña, picada

    Sal *kosher* y pimienta negra recién molida, al gusto

1   cucharada de aceite de oliva

¼   de cucharadita de hebras de azafrán triturado (opcional)

¼   de cucharadita de comino molido

    Cilantro picado para aderezar

    Salsa roja (consulta la receta en la página 31) para aderezar.

1. Hierve las habas en cuatro tazas de agua en una cacerola de 4 cuartos a fuego alto. Reduce el fuego a medio bajo y tapa la cacerola. Remueve hasta que ablanden, alrededor de 40 minutos.

2. Mientras tanto, prepara el recaudo: combina el jitomate, el ajo, la mitad de la cebolla, la sal y la pimienta en una licuadora o procesador de alimentos y forma un puré suave; apártalo.

3. Calienta el aceite en otra cacerola de cuatro cuartos a fuego medio alto. Agrega el recaudo y guisa; mueve con frecuencia hasta que comience a espesar, alrededor de 5 minutos.

4. Agrega las habas junto con el líquido donde se cocieron el azafrán, si lo usas, y el comino. Al hervir reduce el fuego a medio y remueve ocasionalmente, hasta que los sabores se fusionen y las habas estén suaves y floten en la sopa, alrededor de 10 minutos. Divide la sopa entre los tazones y rocía con las cebollas restantes y el cilantro. Agrega salsa, si lo deseas, antes de servir.

Nota de cocina: *asegúrate de comprar habas secas sin piel; la etiqueta del empaque debe indicar si así es o no. Las habas con piel tardan el doble de tiempo en cocerse y necesitarás pelarlas cuando estén cocidas.*

MOLLETES

8 PORCIONES

El bolillo, un tipo de pan blanco de México, es el cimiento
para este reconfortante bocadillo, una excelente manera de utilizar los frijoles
que sobraron; un zepclín o un káiser también funcionan.

PARA LA SALSA:

900 g de jitomates *saladet*
sin corazón y cortados en
cubos de media pulgada.

⅔ de taza de hojas de
cilantro picadas

6 chiles serranos o 4 chiles
jalapeños, sin tallo,
sin semillas y finamente
picados

1 cebolla blanca grande,
finamente picada

Sal *kosher* y pimienta
negra recién molida,
al gusto.

**PARA LOS FRIJOLES Y
LOS BOLILLOS O KÁISERES:**

½ taza de aceite

4 dientes de ajo, picados

1 cebolla blanca pequeña,
finamente picada

2 tazas de consomé de pollo

1.250 kg de frijoles pintos
drenados y enjuagados,
de lata

Sal *kosher* y pimienta
negra recién molida,
al gusto

4 bolillos o káiseres

350 g de queso Chihuahua
o Monterey Jack, rallado.

1. Para preparar la salsa combina los jitomates, el cilantro, los chiles y la cebolla en un recipiente y sazona a tu gusto con sal y pimienta; revuelve con suavidad para mezclar. Cubre el recipiente y refrigéralo para fusionar los sabores, alrededor de una hora.

2. Para preparar los frijoles refritos, calienta el aceite en una sartén de doce pulgadas a fuego medio alto. Agrega el ajo y la cebolla y revuelve hasta que ablanden, alrededor de 8 minutos. Agrega el consomé y los frijoles y guísalos. Revuelve y macera hasta que casi todos los frijoles estén suaves y la mezcla parezca como una sopa, alrededor de 5 minutos. Sazona con sal y pimienta y mantén caliente.

3. Calienta la parrilla a fuego alto. Corta horizontalmente cada pieza de pan y saca el migajón de las tapas y las bases para crear cuencos de alrededor de media pulgada de grosor; desecha los migajones. Coloca las mitades de los bolillos o káiseres en una bandeja para hornear forrada con papel aluminio con los lados cortados hacia arriba y hornéalas hasta que tuesten un poco, alrededor de 2 minutos. Sirve media taza de frijoles refritos en cada mitad de bolillo o káiser hasta que rebasen un poco los bordes y luego espolvorea con queso. Regrésalos a la parrilla y hornéalos hasta que los frijoles estén calientes y el queso se derrita, pero no se dore, alrededor de 2 minutos.

4. Coloca una mitad de bolillo o káiser en cada plato y cubre con un par de cucharadas grandes de salsa. Sirve de inmediato.

Nota de cocina: *en caso de apuro, los frijoles refritos enlatados y la salsa pico de gallo comprados en tienda pueden utilizarse para preparar este platillo rápido y satisfactorio, que en ocasiones se sirve como desayuno.*

ELOTES

Agregar cilantro al agua hirviendo otorga un sabor herbal a estos elotes untados con mayonesa y aderezados con chile, un popular bocadillo callejero mexicano.

Sal *kosher*, al gusto

4 mazorcas de maíz, con hojas

8 ramitas de cilantro

4 cucharadas de mantequilla sin sal, suavizada

½ taza de mayonesa

1⅓ taza de queso Cotija o queso feta desmenuzado

4 cucharaditas de chile ancho en polvo

1 limón cortado en cuatro cuñas.

1. Hierve agua con sal en una cacerola de 6 cuartos a fuego alto. Agrega las mazorcas y el cilantro y cuece hasta que el maíz esté suave, alrededor de 30 minutos. Retira las mazorcas del agua y déjalas enfriar un poco.

2. Si lo deseas, asa las mazorcas después de hervirlas. Enciende un fuego medio en una parrilla al carbón o calienta una parrilla de gas a fuego medio alto (como alternativa, calienta una sartén de parrilla de hierro fundido a fuego medio alto). Retira las hojas de cada mazorca y colócalas en la parrilla; gíralas según se requiera hasta que se chamusquen un poco, alrededor de 2 minutos.

3. Con una brocha para pastelería unta una cucharada de mantequilla en cada mazorca. Úntales después dos cucharadas de mayonesa y esparce encima ⅓ de taza de queso y una cucharadita de chile en polvo. Sirve con las cuñas de limón.

Nota de cocina: *si lo prefieres, una vez que las mazorcas estén asadas, corta los elotes en un tazón grande y revuélvelos con el resto de los ingredientes. Sirve la mezcla en recipientes pequeños para obtener una ensalada caliente de maíz.*

CEVICHE DE CAMARONES

DE 4 A 6 PORCIONES

En los comedores playeros de Veracruz y en las cevicherías de la Ciudad de México, este platillo curado con limón es un bocadillo popular.

700	g de camarones pequeños y crudos, pelados, desvenados, sin cola y picados
½	taza de hojas de cilantro finamente rebanadas
1	cucharadita de salsa *Worcestershire*
1	chile jalapeño sin tallo, sin semillas y finamente picado
½	cebolla morada pequeña, picada
	Jugo de tres limones
	Sal *kosher*, al gusto
1	aguacate maduro, sin semilla, pelado y cortado en cubos de media pulgada
	Galletas saladas para servir.

1. En un recipiente grande combina los camarones, el cilantro, la salsa, el jalapeño, la cebolla y el jugo. Cubre y refrigera mínimo por 2 horas y máximo por 4 horas. Revuelve cada 30 minutos para asegurarte de que el camarón se remoje parejo en el jugo.

2. Cuando esté listo para servir, transfiere a un platón de mesa y sazona con sal. Adereza con aguacate y sirve con galletas saladas.

Nota de cocina: *evita preparar el ceviche con mucha anticipación. El camarón se volverá correoso si permanece en el marinado durante más de 4 horas.*

Salsas

Como elementos omnipresentes de la cocina mexicana, estos brillantes condimentos enaltecen el sabor de todo, desde los crujientes totopos de tortilla hasta las carnes asadas y los guisos.

SALSA ROJA

RINDE ALREDEDOR DE 2 TAZAS

Tostar los vegetales de esta salsa en una sartén seca y caliente extrae su dulzura y les proporciona una textura sedosa; también madura el picor de los chiles y les aporta una compleja profundidad.

10	chiles guajillos secos
6	chiles de árbol secos
3	dientes de ajo pelados
2	jitomates *saladet*, sin corazón
1	cebolla blanca pequeña, cortada a la mitad
	Sal *kosher*, al gusto.

1. Calienta una sartén de doce pulgadas a fuego alto. Agrega los chiles guajillos secos y los chiles de árbol secos (consulta "Una guía de los chiles secos mexicanos" en la página 10) y ásalos. Voltéalos según se requiera hasta que tuesten un poco por todos lados, alrededor de un minuto. Transfiérelos a un recipiente y cúbrelos con agua hirviendo; déjalos reposar hasta que ablanden, alrededor de 20 minutos. Escurre los chiles y reserva una taza del líquido de remojo. Retira los tallos y las semillas. Coloca los chiles y el líquido de remojo en una licuadora y reserva.

2. Calienta de nuevo la sartén a fuego alto. Agrega el ajo, los jitomates y la cebolla y ásalos. Voltéalos según sea necesario hasta que se chamusquen parejos: alrededor de 6 minutos para el ajo, 15 minutos para los jitomates y 12 minutos para la cebolla.

3. Transfiérelos a la licuadora con los chiles y agrega sal. Licúa hasta obtener un puré suave y sedoso, cuando menos 2 minutos. Sirve la salsa en un tazón y déjala enfriar a temperatura ambiente antes de servir.

Nota de cocina: *para convertir esta salsa en una rápida sopa de jitomates y chiles asados, solo mézclala con 6 tazas de consomé de pollo en una cacerola de 4 cuartos y cocina a fuego medio alto alrededor de 10 minutos.*

SALSA VERDE

Esta brillante y sabrosa salsa es el contrapunto perfecto para la suculencia
de las quesadillas de queso y para las carnes y pescados asados.

120	g de tomates verdes pelados y enjuagados
4	dientes de ajo
2	cebollas blancas medianas, cortadas en cuartos
2	chiles jalapeños sin tallos
1	cucharadita de azúcar
1	manojo de cilantro sin tallos
	Sal *kosher* y pimienta negra recién molida, al gusto.

1. Coloca los tomates, el ajo, la cebolla y los jalapeños en una cacerola de 4 cuartos y cubre con una pulgada de agua. Hierve a fuego alto y cuece hasta que ablanden, alrededor de 5 minutos. Escurre los vegetales y reserva una taza del líquido de cocción.

2. Transfiérelos a una licuadora junto con el líquido de cocción, el azúcar, el cilantro, la sal y la pimienta y licúa hasta formar un puré suave. Vacía la salsa en un tazón para mesa y déjala enfriar a temperatura ambiente antes de servir.

Nota de cocina: *hervir los vegetales para esta salsa ayuda a eliminar algunos sabores picantes que pueden ser muy dominantes; también enaltece el brillante color verde de los jalapeños.*

CHIPOTLES CASEROS
EN SALSA DE ADOBO

RINDE ALREDEDOR DE 4 TAZAS

Los chiles chipotles (jalapeños ahumados y secos) marinados en la penetrante salsa de adobo se utilizan como condimentos en tortas y quesadillas o junto al arroz, los frijoles y otros platillos.

120	g de chiles chipotles (mora) secos
3	chiles anchos secos
¾	de taza de vinagre blanco destilado
⅓	de taza de vinagre de vino blanco
⅓	de taza de vinagre de vino de arroz
⅓	de taza de azúcar morena
1	cucharada de sal *kosher*
¼	de cucharadita de mejorana seca
¼	de cucharadita de tomillo seco
¼	de cucharadita de semillas de comino un poco machacadas
4	dientes de ajo picados
1	hoja de laurel
2	cucharadas de aceite.

1. Perfora varias veces los chiles chipotles con la punta de un cuchillo y colócalos en una cacerola de 6 cuartos; cúbrelos con agua y hiérvelos a fuego alto. Reduce el fuego a bajo y cuece con tapa hasta que los chiles ablanden, alrededor de 30 minutos. Escúrrelos, retira los tallos y reserva. Coloca los chiles anchos en un tazón y cúbrelos con dos tazas de agua hirviendo; déjalos reposar hasta que se rehidraten, alrededor de 20 minutos. Escúrrelos, retira los tallos y transfiere a una licuadora, junto con cuatro de los chiles chipotles reservados, los vinagres, el azúcar, la sal, la mejorana, el tomillo, el comino, el ajo y la hoja de laurel; licúa la salsa hasta obtener un puré suave.

2. Calienta el aceite en una sartén de doce pulgadas a fuego medio alto. Agrega la salsa y cuece. Mueve con frecuencia hasta que la salsa hierva; agrega los chiles chipotles restantes, reduce el fuego a medio y cuece hasta que la salsa espese un poco, alrededor de 15 minutos. Trasfiere los chiles y la salsa a un frasco de cristal esterilizado de un litro con tapa y séllalo; almacena en el congelador hasta por 3 meses.

SALSA DE CACAHUATE Y CHILE DE ÁRBOL

RINDE ALREDEDOR DE 1½ TAZAS

Es una salsa tradicional de Chiapas, México. Esta suave salsa de cacahuate es deliciosa sobre el pollo rostizado o los camarones a la parrilla.

¼	de taza de aceite
½	taza de cacahuates asados, sin sal
2	cucharadas de semillas de ajonjolí
10	chiles de árbol secos, sin tallos
1	chile guajillo seco, sin tallo
8	dientes de ajo, finamente picados
1	cebolla blanca pequeña, finamente picada
1	cucharada de vinagre de sidra de manzana
1	cucharadita de orégano seco, de preferencia mexicano
	Sal *kosher*, al gusto.

1. Calienta el aceite en una sartén de doce pulgadas a fuego medio alto. Agrega los cacahuates, las semillas de ajonjolí, los dos chiles, el ajo y la cebolla; revuelve hasta que las cebollas estén suaves y los cacahuates se tuesten un poco, alrededor de 8 minutos. Retira del fuego y deja enfriar a temperatura ambiente.

2. Transfiere a una licuadora junto con el vinagre, el orégano, la sal y una taza de agua y licúa hasta obtener un puré suave. Vierte la salsa en un tazón para mesa y deja enfriar a temperatura ambiente antes de servir.

Nota de cocina: *no cedas a la tentación de utilizar mantequilla de cacahuate como sustituto para preparar esta salsa. Los cacahuates frescos y tostados son la clave para obtener el sabor contundente y rotundo adecuado.*

SIKIL P'AK

RINDE ALREDEDOR DE 1½ TAZAS

Esta salsa de Yucatán es más espesa y cremosa que la mayoría.
Es un gran aderezo para los vegetales frescos.

1¼ tazas de semillas
de calabaza, sin pelar

2 jitomates *saladet,*
sin corazón

1 chile habanero o *Scotch
Bonnet*, sin tallo

3 cucharadas de cilantro
finamente picado

3 cucharadas de cebolla
cambray finamente picado

Sal *kosher,* al gusto.

1. Calienta una sartén de ocho pulgadas a fuego medio alto. Agrega las semillas de calabaza y ásalas; haz girar la sartén con frecuencia hasta que las semillas se tuesten un poco, alrededor de 3 minutos. Transfiere a un procesador de alimentos y muele hasta obtener una pasta, alrededor de 45 minutos; reserva.

2. Coloca de nuevo la sartén al fuego y agrega los jitomates y el chile; ásalos y voltéalos según sea necesario, hasta que se chamusquen parejo, alrededor de 5 minutos para el chile y 7 minutos para los jitomates. Transfiere al procesador de alimentos con las semillas de calabaza, el cilantro, la cebolla cambray y la salsa. Muele hasta obtener una pasta suave.

3. Sirve la salsa en un tazón y cúbrela con un envoltorio de plástico. Almacena en el refrigerador hasta el momento de llevar a la mesa. Sírvela a temperatura ambiente.

Nota de cocina: *si prefieres una salsa más líquida, agrega una taza de caldo de vegetales o de agua a la mezcla en el procesador de alimentos.*

PICO DE GALLO CON CAMARONES

RINDE ALREDEDOR DE 6 TAZAS Y MEDIA

En la costa de Oaxaca, los camarones tanto frescos como secos aparecen
en toda clase de platillos. Aquí, el camarón cocido agrega sustancia y
un toque dulce y salado al clásico pico de gallo.

1	kg de jitomates *saladet*, sin corazón y picados
250	g de camarones pequeños cocidos, pelados y picados
½	taza de chiles jalapeños en escabeche, picados y ¼ de taza de la salmuera del frasco
½	taza de cilantro picado
1	cebolla blanca pequeña, picada
	Jugo de tres limones
	Sal *kosher*, al gusto.

1. En un recipiente grande combina los jitomates, los
camarones, los jalapeños con la salmuera, el cilantro, la
cebolla y el jugo. Sazona con sal y deja reposar durante
al menos una hora a temperatura ambiente, para que los
sabores se mezclen, antes de servir.

Nota de cocina: *una vigorosa salsa como esta es grandiosa
con papas fritas, pero es mejor aún servirla sobre vegetales a
la parrilla, pescado blanco o simplemente envuelta en tortillas
como bocadillo.*

CÓMO REMOJAR CHILES

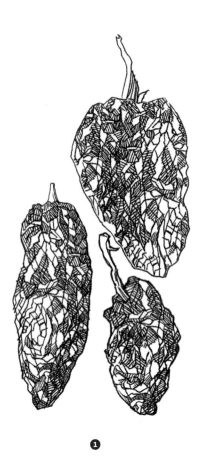

❶ Los chiles secos tienen incontables usos en la cocina (consulta "Una guía de los chiles secos mexicanos" en la página 10). Cuando se tuestan y se muelen, se convierten en especias potentes y versátiles, y cuando se remojan y se suavizan, constituyen una deliciosa base para salsas, desde la picante y sedosa salsa para el puerco en la página 67 hasta el almendrado y complejo mole poblano en la página 51. Remojar y limpiar los chiles secos es rápido y fácil. Aquí te explicamos cómo hacerlo: **❷** Coloca los chiles en un recipiente y

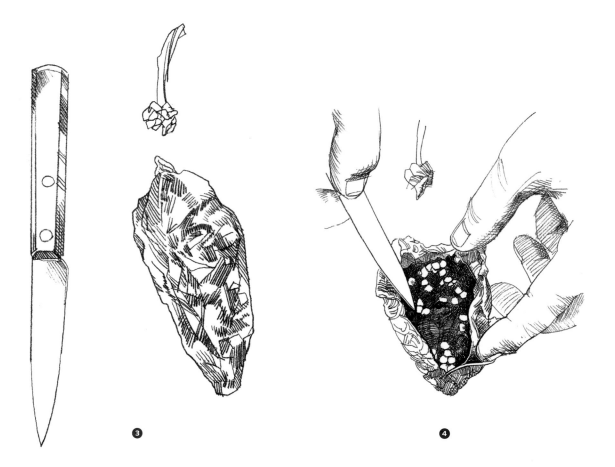

cúbrelos con agua hirviendo. Déjalos remojar y húndelos de vez en cuando con una cuchara para asegurarte de que estén sumergidos por completo en el agua, hasta que queden suaves, alrededor de 20 minutos. ❸ Retira los chiles del agua y quítales los tallos. ❹ Por último, corta los chiles a lo largo y extrae las semillas (puedes reservar las semillas para otros usos, como agregarlas a un mole poblano para incrementar su picor.) Ahora, los chiles ya están listos para molerse.

SALSA DE PIÑA PICANTE

RINDE ALREDEDOR DE 1⅓ TAZAS

Roberto Santibáñez, chef propietario de los restaurantes Fonda en Nueva York, nos dio la receta para esta sólida salsa agridulce, un complemento ideal para las carnes.

1	taza de piña fresca, finamente picada
¼	de taza de cilantro finamente picado
3	cucharadas de jugo de limón fresco
2	cucharadas de jugo de naranja fresco
1½	cucharaditas de azúcar
1	cucharadita de sal *kosher*
2	chiles jalapeños, sin tallo y picados
½	cebolla morada pequeña, finamente picada.

1. En un recipiente grande mezcla todos los ingredientes. Cúbrelo con una película de plástico y almacénalo en el refrigerador para permitir que los sabores se fundan, cuando menos una hora. Sirve a temperatura ambiente.

Nota de cocina: *evita usar piña enlatada para preparar esta salsa; carece de la firmeza y la vivacidad de la fruta fresca, cuyo dulce sabor crea un balance perfecto con los demás ingredientes de esta salsa.*

Platillos principales

Las jugosas carnes y los viscosos quesos, las salsas fragantes a especias, las sencillas papas y más ingredientes logran que los siguientes platillos sean tan satisfactorios. No creerás lo fácil que es prepararlos.

FRIJOL CON PUERCO

DE 6 A 8 PORCIONES

Esta receta de Jorge Boneta, antes chef del Hotel Matilda en San Miguel de Allende, invita a guisar el puerco y los frijoles juntos: una técnica ahorradora de tiempo que también enaltece el sabor de cada ingrediente.

½ taza de aceite

1 kg de espaldilla de puerco, sin hueso y cortada en cubos de dos pulgadas

Sal *kosher* y pimienta negra recién molida, al gusto

8 dientes de ajo, finamente picados

2 cebollas blancas medianas, en rebanadas delgadas

500 g de frijoles negros secos, remojados toda la noche

4 ramitas de cilantro

500 g de jitomates *saladet*, sin corazón

2 chiles habaneros o *Scotch Bonnet*, sin tallos

2 rábanos *baby*, en rebanadas muy delgadas, para decorar

Verdolagas o cilantro fresco para decorar

Arroz blanco cocido como guarnición

Cuñas de limón para servir.

1. Calienta dos cucharadas de aceite en una cacerola de 6 cuartos a fuego medio alto. Sazona el puerco con la sal y la pimienta y, por turnos, colócalo en la cacerola y fríelo. Voltéalo según sea necesario hasta que dore por todas partes, alrededor de 6 minutos. Con una cuchara ranurada transfiere el puerco a un plato, cúbrelo y resérvalo. Agrega ⅔ del ajo y ¼ de las cebollas a la cacerola y fríe hasta que se ablanden, alrededor de 5 minutos. Coloca de nuevo el puerco en la cacerola junto con los frijoles, el cilantro y ocho tazas de agua. Deja hervir. Reduce el fuego a medio y cuece. Mueve de tanto en tanto hasta que los frijoles y el puerco estén suaves, alrededor de una hora y 15 minutos.

2. Mientras tanto, calienta una sartén de doce pulgadas a fuego medio alto. Agrega los jitomates y los chiles y ásalos. Voltéalos según sea necesario hasta que se chamusquen parejos, alrededor de 12 minutos. Transfiérelos a una licuadora junto con el resto del ajo y de las cebollas. Licúa hasta formar un puré suave. Coloca de nuevo la sartén al fuego y agrega el resto del aceite; cuando esté caliente, agrega la salsa y muévela con frecuencia para guisarla hasta que se reduzca un poco, alrededor de 8 minutos. Sazónala con sal y pimienta y mantenla caliente.

3. Para servir, vierte los frijoles y el puerco en un plato grande para mesa y rocía con la salsa de jitomate. Agrega los rábanos y las verdolagas y sirve con arroz y cuñas de limón a un lado.

Nota de cocina: *sustituye 500 gramos de cualesquiera frijoles secos que te agraden por los negros. Los pintos, los blancos y hasta los de cabecita negra funcionan bien para este platillo.*

MOLE POBLANO DE POLLO

8 PORCIONES

En Puebla, donde se originó este platillo de intensos sabores, su preparación puede tomar varios días. Nuestra receta simplificada da como resultado un mole que es tan delicioso y de sabores tan complejos como uno preparado de acuerdo con los métodos tradicionales.

100 g de chiles pasilla secos

1 pollo entero de 1.5 a 2 kg, cortado en ocho piezas

2 cucharadas de mantequilla sin sal

2 dientes de ajo, picados

½ jitomate *saladet*, sin corazón y picado

½ tomate verde pelado, enjuagado y picado

¼ de cebolla blanca pequeña, picada

¼ de cucharadita de: clavo de olor molido, pimienta inglesa o de jamaica, canela, cilantro, semillas de anís y pimienta negra

2 cucharadas de almendras enteras

2 cucharadas de pasas

1½ cucharadas de semillas de ajonjolí y un poco más para adornar

½ tortilla de maíz cortada en trozos

½ pan blanco duro, tostado y desmenuzado

¼ de plátano macho plátano, pelado y finamente picado

1 cucharada de aceite

60 g de chocolate mexicano, picado

1 cucharada de azúcar morena ligera

¾ de cucharada de sal *kosher*

Arroz a la mexicana como guarnición (consulta la receta en la página 81, opcional).

1. Calienta una sartén de doce pulgadas a fuego medio alto. Agrega los chiles y ásalos. Voltéalos una vez hasta que tuesten, alrededor de 2 minutos. Transfiere los chiles a un recipiente grande y agrégales diez tazas de agua hirviendo. Déjalos reposar hasta que se ablanden, alrededor de 30 minutos. Escúrrelos, reserva el líquido de remojo y retira los tallos y las semillas. Reserva dos cucharaditas de semillas. Muele los chiles y dos tazas del líquido de remojo en una licuadora hasta obtener un puré suave. Reserva el puré de chiles y el resto del líquido de remojo. Hierve el pollo en ocho tazas de agua en una cacerola de 4 cuartos a fuego alto; reduce el fuego a medio bajo y espera a que el pollo esté cocido, alrededor de 30 minutos. Escúrrelo y mantenlo caliente.

2. Calienta la mantequilla en una cacerola de 4 cuartos a fuego medio alto. Agrega el ajo, el jitomate *saladet*, el tomate verde y la cebolla y fríelos hasta que ablanden, alrededor de 8 minutos. Agrega las semillas de los chiles que reservaste, el clavo de olor molido, la pimienta inglesa o de jamaica, la canela, el cilantro, las semillas de anís y la pimienta negra y mueve con frecuencia hasta que desprendan su aroma, alrededor de un minuto. Agrega las almendras, las pasas, las semillas de ajonjolí, la tortilla, el pan y el plátano macho y revuelve hasta que tuesten un poco, alrededor de 7 minutos. Agrega el puré de chile que reservaste y hierve; reduce el fuego a medio bajo y cuece hasta que todos los ingredientes ablanden, alrededor de 20 minutos. Retira del fuego y, por turnos, transfiere el mole a una licuadora junto con el líquido restante de remojo. Licúa hasta formar un puré suave, cuando menos 4 minutos.

3. Calienta el aceite en una cacerola de seis cuartos a fuego medio alto. Agrega el mole y bate constantemente hasta que espese un poco, alrededor de 5 minutos. Agrega el chocolate, el azúcar y la sal y cuece hasta que la mezcla sea uniforme y los sabores se fundan, alrededor de 10 minutos. Vierte el mole sobre el pollo para servir y rocíalo con semillas de ajonjolí. Si lo deseas, sírvelo con arroz a la mexicana.

POLLO HORNEADO

8 PORCIONES

Con manchas anaranjadas de la especia achiote
(también conocido como *annatto*), este sabroso pollo a la parrilla se sirve
con una brillante guarnición de jalapeño y cebolla.

2	cucharadas de mostaza amarilla preparada
2	cucharadas de sal *kosher* y un poco más, al gusto
1	cucharada de achiote molido
10	dientes de ajo, pelados
5	chiles guajillo, sin tallos y sin semillas
	Jugo de un limón
1	pollo entero de 1.5 a 2 kg, cortado en ocho piezas
½	taza de consomé de pollo
6	chiles jalapeños, sin tallos, sin semillas y picados
1	cebolla blanca pequeña, finamente picada.

1. Combina la mostaza, la sal, el achiote, el ajo, los chiles, el jugo y una taza de agua hirviendo en una licuadora y licúa hasta formar un puré muy suave, cuando menos un minuto. Transfiere a un recipiente grande y agrega el pollo. Revuelve hasta que el pollo quede cubierto por el puré; luego cubre el recipiente y deja marinar el pollo en el refrigerador durante al menos 4 horas o toda la noche. Mientras tanto, combina el consomé, los jalapeños y la mitad de la cebolla en un procesador de alimentos y forma un puré suave. Transfiere a un tazón y mezcla el resto de las cebollas. Sazona la salsa con sal y resérvala.

2. Prepara un fuego medio en una parrilla al carbón o calienta una parrilla de gas a medio fuego. (Como alternativa, calienta una sartén de parrilla de hierro fundido a fuego medio alto.) Retira el pollo del marinado y, por turnos, colócalo en la parrilla y ásalo. Voltéalo una vez hasta que algunas zonas se chamusquen y se cueza por completo, alrededor de 25 minutos. Colócalo en un platón para mesa y sirve con la salsa a un lado.

Nota de cocina: *si preparas el pollo en una parrilla de carbón o de gas, puedes remojar astillas de nogal, mezquite u otras maderas en agua durante toda la noche y agregarlas al carbón para dotar al platillo de un sabor ahumado.*

SOPA SECA

Ángela Tovar Morales (en la fotografía, a la izquierda), cocinera de La Casa Dragones, en San Miguel de Allende, México, nos dio la receta para este platillo de horno engalanado con crema (una suave crema agria mexicana) y queso.

¼ de taza de aceite de oliva y un poco más para engrasar

350 g de fideos secos o pasta de cabello de ángel (*capellini*), en trozos de tres pulgadas de longitud

1 cebolla blanca mediana, en rebanadas delgadas

1 cucharadita de cilantro molido

¼ de cucharadita de semillas de comino

1 cucharadita de orégano seco, de preferencia mexicano

1 cucharadita de chile en polvo

6 dientes de ajo, picados

1 hoja de laurel

1½ tazas de jitomates enteros de lata, pelados, escurridos y machacados

3 chiles chipotles en salsa de adobo, comprados en tienda o preparados en casa, picados

1 ramita de cilantro y una cucharada de cilantro picado para adornar

2 tazas de consomé de pollo

Sal *kosher* y pimienta negra recién molida, al gusto

1 taza de queso Cotija o feta desmenuzado

1 taza de crema o crema agria

Nopales salteados o ejotes como guarnición (opcional).

1. Calienta el horno a 190 °C. Engrasa una charola para horno de 8 x 8 pulgadas con aceite y reserva. Calienta ¼ de taza de aceite en una sartén de doce pulgadas a fuego medio alto. En dos tandas, agrega la pasta y fríela. Revuelve hasta que se dore y se tueste un poco, alrededor de 4 minutos. Con una cuchara ranurada, transfiere la pasta a toallas de papel absorbente para que escurran, reserva.

2. Coloca de nuevo la sartén al fuego y agrega la cebolla; muévela para que se fría hasta que se ablande, alrededor de 4 minutos. Agrega el cilantro, el comino, el orégano, el chile en polvo, el ajo y la hoja de laurel y fríe. Revuelve hasta que liberen su fragancia, alrededor de 30 segundos. Agrega los jitomates, los chipotles y la ramita de cilantro y guisa hasta que espese, alrededor de 5 minutos. Agrega los fideos que reservaste y el consomé de pollo, sazona con sal y pimienta y deja hervir; reduce el fuego a medio bajo y cuece. Revuelve hasta que los fideos estén *al dente*, alrededor de 6 minutos. Retira del fuego y vierte en el plato; rocía con queso. Hornea hasta que el queso se derrita, alrededor de 15 minutos.

3. Adereza con crema y rocía con cilantro picado; sirve con nopales salteados o ejotes revueltos con pico de gallo, si lo deseas.

Nota de cocina: *cualquier pasta larga, delgada y troceada funcionará para este platillo en caso de apuro, incluso* vermicelli *o espagueti.*

PARA PREPARAR TORTILLAS DE MAÍZ

Las tortillas compradas en tienda constituyen un buen lienzo para las quesadillas de flor de calabaza de la página 19, los tacos de carne asada de la página 60, las enchiladas suizas en la página 71 y para muchos otros platillos. Sin embargo, una vez que pruebas una tortilla casera, al instante notas la diferencia: fragantes, tostadas y flexibles, las tortillas recién hechas no tienen paralelo en cuanto a calidad. Prepararlas no podría ser más sencillo. Aquí te explicamos cómo hacerlo:

❶ Calienta una sartén o un comal de hierro fundido a fuego medio. Coloca una taza de harina para masa en un recipiente y cava un agujero al centro. Agrega ⅔ de taza y una cucharada de agua al centro y bate con un tenedor hasta formar una masa.

❷ Amasa la masa hasta que esté suave, pero no pegajosa; debe tener la consistencia de tierra mojada o de *Play-Doh*. Toma una porción del tamaño de una pelota de golf y forma una bola.

❸ Corta dos círculos de siete pulgadas de diámetro de una bolsa limpia de plástico. Coloca un círculo en la parte inferior de una prensa para tortillas (encuéntralas en un mercado o en línea en Amazon.com). Coloca la bola de masa al centro y ponle encima el otro círculo de plástico.

❹ Cubre con el platillo superior de la prensa y oprime la manija hacia abajo para aplanar la masa.

❺ Abre la prensa y retira la pieza superior de plástico. Transfiere la tortilla a la palma de tu mano; retira el plástico inferior.

6 Coloca la tortilla de inmediato en la sartén o el comal y cuece hasta que comience a dorarse y se formen burbujas. Voltea pronto la tortilla y continúa cociendo hasta que se tueste un poco del otro lado (la tortilla también puede inflarse). Transfiere la tortilla a un tazón o recipiente cubierto con un paño de cocina y cúbrela con el mismo para mantenerla caliente. Repite con el resto de la masa. Rinde alrededor de 8 tortillas.

POLLO GUISADO

6 PORCIONES

Diferentes versiones de este reconfortante platillo se preparan
en toda Latinoamérica. A los cocineros mexicanos les gusta incluir una combinación
de chiles, lo cual otorga un complejo sabor a este platillo.

¼ de taza de aceite

700 g de muslos de pollo, sin hueso y sin piel

Sal *kosher* y pimienta negra recién molida, al gusto

1 cebolla blanca pequeña, picada

1 zanahoria mediana, picada

1 pimiento morrón rojo, sin tallo, sin semillas y finamente picado

1 cucharadita de comino molido

1 cucharadita de tomillo seco

6 dientes de ajo, picados

2 chiles chipotles en salsa de adobo, comprados en tienda o preparados en casa, finamente picados

1 chile jalapeño cortado en cuartos a lo largo

500 g de papas Yukón peladas y cortadas en cubos de 1 cm

4 tazas de consomé de pollo

3 ramitas de cilantro

500 g de jitomates enteros, pelados, en su jugo y machacados, en lata

3 cucharadas de alcaparras, enjuagadas

Jugo de un limón.

1. Calienta el aceite en una cacerola de 6 cuartos a fuego medio alto. Sazona el pollo con sal y pimienta y, por tandas, colócalo en la cacerola y fríelo. Voltéalo una vez hasta que dore por ambos lados y se cueza por completo, alrededor de 15 minutos. Transfiérelo a un plato y déjalo enfriar. Con un tenedor deshébralo y reserva.

2. Coloca de nuevo la cacerola al fuego y agrega la cebolla, la zanahoria y el pimiento; revuelve hasta que ablanden, alrededor de 8 minutos. Agrega el comino, el tomillo, el ajo, los chipotles y el jalapeño y fríelos. Revuelve hasta que suelten su fragancia, alrededor de 2 minutos. Agrega el pollo deshebrado a la cacerola junto con las papas, el consomé, el cilantro y los jitomates y deja hervir; reduce el fuego a medio bajo y cuece. Revuelve de tanto en tanto hasta que las papas estén suaves, alrededor de 30 minutos. Agrega las alcaparras y el jugo y sazona con sal y pimienta antes de servir.

Nota de cocina: *para simplificar aún más este platillo puedes utilizar sobras de pollo rostizado o de cerdo cortado en pedazos del tamaño de un bocado, en lugar de los muslos de pollo. Solo ignora el paso 1 y agrega la carne sobrante al guiso, como lo harías con los muslos de pollo deshebrados.*

TACOS DE CARNE ASADA

4 PORCIONES

El filete de falda, un corte sabroso y jugoso, es una excelente opción
para la carne asada. Marinado con limón y especias antes de asar,
el filete combina muy agradablemente con una agria salsa verde.

3 cucharadas de aceite

6 chiles chipotles enlatados en salsa de adobo, picados

4 dientes de ajo, finamente picados

1 cebolla blanca grande, rebanada en forma perpendicular en anillos de ¾ de pulgada de ancho y una cebolla blanca pequeña, picada

Jugo de dos limones y cuñas de limón para servir

700 g de filete de falda de res, cortado en cuatro porciones

Sal *kosher* y pimienta negra recién molida, al gusto

1 chile jalapeño, sin tallo

Tortillas calientes para servir

Salsa verde para servir (consulta la receta en la página 32, opcional)

Cebollas en escabeche para servir (consulta la receta en la página 78, opcional).

1. Combina el aceite, los chipotles, el ajo, la cebolla picada y el jugo en una licuadora y licúa hasta obtener un puré suave. Transfiere a un recipiente grande y agrega los filetes. Revuélvelos para que se cubran con el marinado. Sazona generosamente con sal y pimienta. Cubre el recipiente con envoltura de plástico y deja marinar los filetes a temperatura ambiente durante una hora o hasta 4 horas en el refrigerador.

2. Prepara un fuego medio en una parrilla al carbón o calienta una parrilla de gas a fuego medio. (Como alternativa, calienta una plancha para asar a fuego medio alto.) Escurre el marinado de los filetes y transfiérelos a la parrilla. Ásalos; voltéalos una vez hasta que se chamusquen un poco y se cuezan al término deseado, alrededor de 6 minutos para término medio-rojo. Transfiere los filetes a una tabla para cortar y déjalos reposar durante 5 minutos.

3. Mientras tanto, coloca el jalapeño y la cebolla en la parrilla y ásalos. Voltéalos según sea necesario hasta que se chamusquen y ablanden, alrededor de 10 minutos. Transfiere los vegetales a una tabla para cortar y córtalos en trozos finos; transfiérelos a un tazón para servir. Corta finamente los filetes y mézclalos en el tazón con los vegetales cortados. Sirve en tortillas con cuñas de limón, salsa verde y, si lo deseas, acompaña con cebolla en escabeche a un lado.

Nota de cocina: *el bistec también funciona bien para este platillo, al igual que la mayoría de los cortes de carne.*

ENCHILADAS DE MOLE ROJO

DE 6 A 8 PORCIONES

Estas clásicas enchiladas oaxaqueñas están rellenas de pollo y
bañadas con una dulce salsa de chile guajillo.

80	g de chiles guajillos secos
6	jitomates *saladet*, sin corazón
4	dientes de ajo, pelados
2	chiles serranos, sin tallos
½	cebolla blanca grande, cortada en rebanadas de una pulgada y una cebolla blanca mediana, picada
1	taza y una cucharada de aceite
2	tazas de consomé de pollo
1	cucharadita de orégano seco, de preferencia mexicano
1	cucharadita de tomillo seco
¼	de cucharadita de pimienta negra recién molida
1	rebanada de pan blanco, tostado y cortado en trozos pequeños
¼	de taza de azúcar morena ligera
2	cucharadas de jugo de limón fresco
	Sal *kosher*, al gusto
18	tortillas de maíz
1½	tazas de pollo cocido y deshebrado
¾	de taza de queso Cotija o feta desmenuzado y un poco más para decorar
	Aros de cebolla rebanada para decorar
	Cilantro picado para decorar.

1. Calienta una sartén de doce pulgadas a fuego alto y agrega los chiles. Ásalos y voltéalos una vez hasta que tuesten un poco, alrededor de 2 minutos. Transfiérelos a un recipiente y cúbrelos con 3 tazas de agua hirviendo; déjalos reposar hasta que se rehidraten, alrededor de 20 minutos. Escurre los chiles, reserva el líquido de remojo y elimina los tallos y las semillas. Transfiere los chiles a una licuadora junto con 1½ taza del líquido de remojo; licúa hasta formar un puré suave y reserva.

2. Coloca la sartén de nuevo al fuego y agrega los jitomates, el ajo, los chiles y las rebanadas de cebolla. Ásalos y revuelve según sea necesario, hasta que los vegetales se chamusquen un poco por todas partes, alrededor de 14 minutos para los jitomates, los chiles y la cebolla, y 8 minutos para el ajo. Transfiere los vegetales a un recipiente y déjalos enfriar. Coloca la sartén de nuevo al fuego y agrega una cucharada de aceite; vierte el puré de chiles y fríelo. Revuelve constantemente hasta que espese, como una pasta, alrededor de 12 minutos. Vierte la pasta otra vez en la licuadora junto con los vegetales, el consomé, el orégano, el tomillo, la pimienta y el pan; licúa hasta obtener un puré suave, cuando menos 2 minutos. Vierte el puré en la sartén a través de un colador fino a fuego medio alto; deja hervir y luego reduce el fuego a medio bajo. Cuece hasta que se reduzca un poco, alrededor de 6 minutos. Agrega el azúcar y el limón y bate; sazona la salsa para las enchiladas con sal y mantenla caliente en la sartén.

3. Calienta el resto del aceite en una sartén de doce pulgadas a fuego medio alto. Por tandas, sujeta las tortillas con unas pinzas y fríelas en el aceite hasta que se vuelvan flexibles, 30 segundos cada una. Transfiere las tortillas a la sartén con la salsa para enchiladas y cúbrelas con dicha salsa. A continuación colócalas en una superficie de trabajo. Divide el pollo, el queso y la cebolla picada entre las tortillas y enrolla cada tortilla alrededor del pollo hasta formar rollos ceñidos.

4. Para servir, transfiere las enchiladas a un platón grande de mesa y rocíalas con más queso, aros de cebolla y cilantro.

HUEVOS A LA MEXICANA

DE 4 A 6 PORCIONES

Este rápido y satisfactorio platillo para el desayuno se prepara a la mexicana con jitomates, cebolla blanca y jalapeño verde, los cuales imitan los colores de la bandera de México.

3 cucharadas de aceite

1 cebolla blanca pequeña, finamente picada

1 chile jalapeño, sin tallo, sin semillas y finamente picado

1 jitomate *saladet*, sin corazón, sin semillas y finamente picado

Sal *kosher* y pimienta negra recién molida, al gusto

2 cucharadas de hojas de cilantro finamente rebanadas

8 huevos ligeramente batidos

Tortillas calientes de maíz para servir.

1. Calienta el aceite en una sartén de doce pulgadas a fuego medio alto. Agrega la cebolla, el jalapeño y el jitomate, sazona con sal y pimienta y fríe. Revuelve hasta que ablanden, alrededor de 6 minutos.

2. Agrega el cilantro y los huevos y cuece. De tanto en tanto dobla los huevos en largas franjas, hasta que se cuezan por completo, alrededor de 4 minutos. Transfiere a los platos para mesa y sirve con tortillas, si lo deseas.

Nota de cocina: *la noche previa a la preparación de este platillo, pica los vegetales y el cilantro y guárdalos en el refrigerador en recipientes separados. Todo lo que tienes que hacer por la mañana es romper algunos huevos y poner la sartén al fuego.*

ASADO DE BODAS

DE 8 A 10 PORCIONES

Este suntuoso guiso, favorito en el estado de Zacatecas, constituye una satisfactoria cena cuando se acompaña con arroz a la mexicana o tortillas calientes.

8	chiles secos de Nuevo México
2	chiles guajillos secos
½	taza de almendras
½	taza de cacahuates sin sal
60	g de chocolate mexicano, en trozos
½	taza de pasas
¼	de cucharadita de comino molido
¼	de cucharadita de canela molida
⅛	de cucharadita de clavos de olor molidos
3	dientes de ajo, machacados
¼	de cebolla amarilla pequeña, picada
	Sal *kosher* y pimienta negra recién molida, al gusto
1	cucharada de aceite
1	kg de espaldilla de puerco, cortada en trozos de 2.5 cm
	Cuñas de limón para servir (opcional).

1. Calienta una sartén de doce pulgadas a fuego alto y agrega los chiles. Ásalos y voltéalos hasta que se tuesten un poco, alrededor de 3 minutos. Transfiérelos a un recipiente y cúbrelos con cinco tazas de agua hirviendo; déjalos reposar hasta que se ablanden, alrededor de 20 minutos. Escúrrelos, reserva el líquido de remojo y retira los tallos y las semillas. Transfiere los chiles y el líquido que reservaste a una licuadora y reserva. Coloca la sartén de nuevo en el fuego y agrega las almendras y los cacahuates para asarlos. Muévelos con frecuencia hasta que se tuesten un poco, alrededor de 3 minutos. Transfiérelos a la licuadora y agrega el chocolate, las pasas, el comino, la canela, los clavos, el ajo y la cebolla; sazona con sal y pimienta y licúa hasta obtener un puré suave. Reserva la salsa.

2. Calienta el aceite en la sartén a fuego medio alto. Sazona el puerco con sal y pimienta y, por tandas, colócalo en la sartén y fríelo. Voltea los trozos según sea necesario, hasta que doren por todas partes, alrededor de 12 minutos.

3. Vierte la salsa sobre el puerco y deja hervir. Reduce el fuego a medio bajo y cuece. Mueve ocasionalmente hasta que la carne se ablande, alrededor de una hora. Divide en tazones para sopa y sirve con cuñas de limón, si lo deseas.

Nota de cocina: *puedes preparar la salsa para este platillo, parecida al mole, con días de anticipación y solo verterla sobre la carne dorada de puerco para que se cueza antes de servir.*

COSTILLAS DE PUERCO EN SALSA VERDE

DE 6 A 8 PORCIONES

Una ácida y afrutada salsa enaltece la suculencia de
las costillas de cerdo con hueso en este exquisito platillo.

120 g de tomates verdes pelados y enjuagados

2 chiles jalapeños, sin tallos

2 tazas de hojas de cilantro no muy compactas

1 cucharadita de azúcar

4 dientes de ajo

1 kg de costillas *baby* de cerdo, separadas en piezas individuales

1 cucharadita de orégano seco, de preferencia mexicano

6 dientes de ajo, picados

1 cebolla amarilla grande, cortada perpendicularmente en ocho cuñas

1 calabacita mediana, cortada longitudinalmente en bastones de 5 x 2 cm

Sal *kosher* y pimienta negra recién molida, al gusto

Tortillas calientes para servir

Salsa roja para servir (consulta la receta en la página 31, opcional).

1. Coloca los tomates verdes y los chiles jalapeños en una cacerola de 4 cuartos y cúbrelos con una pulgada de agua. Hierve a fuego alto; cuece hasta que ablanden un poco, alrededor de 5 minutos. Escurre los vegetales y resérvalos para que enfríen a temperatura ambiente. Colócalos en un procesador de alimentos junto con el cilantro, el azúcar y el ajo y pulsa hasta que estén finamente picados, pero no en puré; reserva esta salsa.

2. Hierve el cerdo en cuatro tazas de agua en una cacerola de 6 cuartos a fuego medio alto. Revuelve ocasionalmente mientras se cuece hasta que toda el agua se evapore, alrededor de una hora con 15 minutos. Continúa cociendo el puerco y muévelo con frecuencia, hasta que comience a caramelizarse por fuera, alrededor de 10 minutos. Agrega el orégano, el ajo y la cebolla y guisa, sin dejar de mover, hasta que se ablande y se tueste un poco, alrededor de 10 minutos. Agrega la salsa y cuatro tazas de agua, déjalo hervir y luego reduce el fuego a medio bajo; mueve de vez en cuando hasta que el puerco esté suave y la salsa se espese, alrededor de 30 minutos. Agrega la calabacita y déjala cocer hasta que se caliente por completo, alrededor de 5 minutos. Sazona con sal y pimienta.

3. Divide el puerco y la salsa en los tazones para mesa y adereza con salsa roja, si lo deseas. Sirve con tortillas.

Nota de cocina: *la espaldilla de cerdo, cortada en cubos de 2.5 cm, o incluso el cuello de cerdo, también pueden emplearse para preparar este vigoroso guiso en lugar de las costillas.*

ENCHILADAS SUIZAS

DE 4 A 6 PORCIONES

Este platillo, ahogado en queso derretido, se originó en la cafetería Sanborn's en la Ciudad de México en 1950. Su nombre, "enchiladas suizas", alude a su naturaleza rica en lácteos.

700	g de tomates verdes pelados y enjuagados
2	chiles serranos, sin tallos
1	taza de cilantro picado
1	taza de crema agria
½	cucharadita de semillas de tomillo, tostadas
4	dientes de ajo, picados
2	chiles poblanos asados, pelados, sin semillas y picados
	Sal *kosher* y pimienta negra recién molida, al gusto
3	tazas de pollo cocido y deshebrado
8	tortillas de maíz
1½	tazas de queso Chihuahua o *mozzarella* desmenuzado.

1. Aparta una parrilla del horno de cuatro pulgadas y caliéntala a fuego alto. Coloca los tomates verdes y los chiles serranos en una lámina con película para hornear y ásalos. Voltéalos según sea necesario hasta que se chamusquen por todas partes, alrededor de 10 minutos. Déjalos enfriar durante otros 10 minutos y luego pélalos y desecha la piel. Transfiérelos a una licuadora junto con el cilantro, la crema agria, el comino, el ajo, los chiles poblanos y una taza de agua hirviendo; sazona con sal y pimienta y licúa hasta obtener un puré suave. Reserva esta salsa.

2. Coloca el pollo en un recipiente y mézclalo con una taza de salsa hasta que quede todo cubierto. Divide el pollo en salsa entre las tortillas. Enrolla las tortillas alrededor del pollo para formar rollos ceñidos. Vierte más o menos una taza de salsa en el fondo de una charola para hornear de nueve por trece pulgadas y coloca los rollos de tortilla encima, con los bordes hacia abajo, para crear una fila en el centro de la charola. Vierte el resto de la salsa sobre los rollos y cubre parejo con queso.

3. Calienta el horno a 190 °C. Hornea las enchiladas hasta que la salsa burbujee y el queso se derrita en la superficie, alrededor de 25 minutos. Retira la charola del horno y deja enfriar por 10 minutos. Sirve de inmediato con abundante salsa de la charola.

Nota de cocina: *puedes preparar la salsa con tres días de anticipación y guardarla en el refrigerador. Todo lo que tienes que hacer para la cena, entonces, es enrollar las tortillas alrededor del pollo y colocarlas en una charola para hornear, con la salsa y el queso.*

TACOS DE PAPA

8 PORCIONES

Grandiosos para una comida sin carne, estos satisfactorios tacos están rellenos de papas sazonadas con comino y se fríen hasta quedar crujientes.

1 cucharadita de cilantro finamente picado

½ cucharadita de orégano seco, de preferencia mexicano

½ cucharadita de azúcar

2 tomates verdes maduros, sin corazón

2 chiles jalapeños rojos, sin tallos

1 diente de ajo machacado y dos dientes más, picados

500 g de papas *russet*, peladas

1 cucharada de mantequilla sin sal

2 cucharaditas de sal *kosher*

1 cucharadita de pimienta negra recién molida y un poco más, al gusto

1 cucharadita de comino molido

½ taza de aceite

18 tortillas de maíz

Lechuga verde, jitomates en rebanadas finas y queso Cotija o feta desmenuzado, para servir.

1. Coloca el cilantro, el orégano, el azúcar, los tomates verdes, los chiles jalapeños, el ajo machacado y ⅔ de taza de agua en una licuadora y licúa hasta obtener un puré suave. Reserva esta salsa. Hierve agua con sal en una cacerola de 4 cuartos, agrega las papas y cuécelas hasta que se ablanden, alrededor de 25 minutos. Escurre las papas y transfiérelas a un recipiente grande. Agrega el ajo picado, la mantequilla, la sal, la pimienta y el comino y amasa hasta obtener una pasta suave. Reserva la mezcla de las papas.

2. Calienta el aceite en una sartén de doce pulgadas a fuego medio alto. Unta una cucharada rebosada de mezcla de papa en el centro de cada tortilla y dobla para formar un taco. Por tandas, coloca los tacos en el aceite y fríelos. Voltéalos una vez hasta que se doren y queden crujientes, alrededor de 3 minutos. Usa pinzas para mantener cerrado cada taco mientras se fríe, para que permanezca doblado y su contenido no se derrame.

3. Rellena los tacos con lechuga, jitomates y queso y sírvelos con la salsa a un lado.

Nota de cocina: *para obtener una versión rápida de esta receta, fríe las tortillas planas hasta que estén crujientes y luego agrégales el relleno de papa y los condimentos para preparar tostadas.*

Guarniciones

Las tentadoras guarniciones (arroz con frijoles, chiles asados y otros vegetales) complementan una comida mexicana; cada una requiere unos cuantos pasos de preparación.

PAPAS CON RAJAS

4 PORCIONES

Este sabroso y sustancioso platillo es un extraordinario acompañante
para cualquier tipo de carne asada.

350	g de papas Yukón pequeñas, cortadas en rebanadas gruesas de un cuarto de pulgada
3	chiles poblanos
3	cucharadas de aceite
1	cebolla blanca mediana, en rebanadas finas
3	dientes de ajo, finamente picados
4	ramitas de cilantro, picadas
	Sal *kosher* y pimienta negra recién molida, al gusto.

1. Coloca las papas en una cacerola de 4 cuartos y cúbrelas con una pulgada de agua; hierve a fuego alto y cuécelas hasta que estén suaves, alrededor de 20 minutos. Escúrrelas y resérvalas. Mientras tanto, calienta la parrilla a fuego alto. Coloca los chiles poblanos en una lámina con película para hornear y ásalos. Voltéalos según sea necesario hasta que se chamusquen por todas partes, alrededor de 20 minutos. Transfiere los chiles a un recipiente y déjalos enfriar. Pela y desecha la piel, los tallos y las semillas de los chiles y rebánalos finamente a lo largo; reserva.

2. Calienta el aceite en una sartén de doce pulgadas a fuego medio alto. Agrega la cebolla y fríela. Muévela hasta que se caramelice un poco, alrededor de 12 minutos. Agrega el ajo y los chiles y fríelos; revuelve hasta que se calienten por completo, alrededor de 2 minutos. Agrega las papas y fríe, sin dejar de revolver, hasta que las papas estén muy suaves, alrededor de 10 minutos.

3. Retira del fuego y mezcla con el cilantro; sazona con sal y pimienta y sirve caliente.

Nota de cocina: *si tienes estufa de gas, puedes asar los chiles directo en la flama hasta que se chamusquen. Solo sujétalos con pinzas y gíralos de forma progresiva a medida que se quemen.*

CEBOLLAS EN ESCABECHE

RINDE ALREDEDOR DE 1¾ TAZAS

Las cebollas moradas absorben los sabores del orégano y del comino
en este aderezo, un condimento amado de la Península de Yucatán.

1	cucharada de sal *kosher*
1	cebolla morada grande, en rebanadas longitudinales finas
1	cucharadita de granos enteros de pimienta
1	cucharadita de orégano seco
1	cucharadita de semillas de comino
3	dientes de ajo pelados y cortados a la mitad, a lo largo
1	hoja de laurel fresco
1½	tazas de vinagre de vino tinto.

1. En un recipiente mezcla la sal y la cebolla; deja reposar hasta que la cebolla libere un poco de líquido, alrededor de 15 minutos.

2. Transfiere las cebollas con la sal y el líquido a un frasco de vidrio, junto con los granos de pimienta, el orégano, el comino, el ajo y la hoja de laurel y vierte encima el vinagre; sella con una tapa. Refrigera cuando menos 4 horas antes de servir.

Nota de cocina: *las cebollas amarillas o blancas o los chalotes funcionarán igual de bien para esta receta, aunque no tendrán el mismo color rosado tan seductor.*

ARROZ A LA MEXICANA

DE 6 A 8 PORCIONES

Esta vibrante guarnición obtiene su complejo sabor del consomé de pollo
y su toque picante de los chiles serranos.

1	taza de consomé de pollo
500	g de jitomates enteros, pelados y en su jugo, enlatados
2	cucharadas de aceite
2	chiles serranos, cortados por la mitad a lo largo, sin semillas
2	dientes de ajo, picados
½	cebolla amarilla pequeña, picada
2	tazas de arroz blanco de grano largo
1	taza de chícharos de paquete, descongelados
	Sal *kosher* y pimienta negra recién molida, al gusto.

1. Coloca el consomé y los jitomates con su jugo en una licuadora y licúa hasta obtener un puré suave; reserva la mezcla de jitomate.

2. Calienta el aceite en una cacerola de 4 cuartos a fuego medio alto. Agrega los chiles, el ajo y la cebolla y fríelos hasta que ablanden, sin dejar de mover, alrededor de 4 minutos. Agrega el arroz y fríelo. Muévelo de tanto en tanto hasta que dore, alrededor de 6 minutos. Vierte la mezcla de jitomate y los chícharos, sazona con sal y pimienta y reduce el fuego a bajo. Cuece con la cacerola tapada hasta que el arroz esté suave y haya absorbido todo el líquido, alrededor de 15 minutos. Retira el arroz del fuego y espónjalo suavemente con un tenedor antes de servir.

Nota de cocina: *los jitomates enlatados dan a este arroz un color rojo más rico; sin embargo, si tienes jitomates frescos y maduros a la mano en verano, por supuesto úsalos en lugar de los enlatados.*

FRIJOLES DE LA OLLA

DE 6 A 8 PORCIONES

Esta sencilla guarnición puede prepararse con casi cualquier tipo de legumbre:
frijoles negros, frijoles blancos, incluso los de cabecita negra
son buenos sustitutos para los frijoles pintos.

2 tazas de frijoles pintos secos

1 diente de ajo machacado

1 chile jalapeño entero y una mitad más, sin tallo, sin semillas y picado

½ cebolla blanca pequeña y ¼ de cebolla blanca pequeña, picada

Sal *kosher* y pimienta negra recién molida, al gusto

¼ de taza de cilantro picado

1 jitomate sin corazón, sin semillas y finamente picado.

1. Hierve los frijoles, el ajo, el jalapeño entero, la mitad de la cebolla y ocho tazas de agua en una cacerola de 4 cuartos a fuego alto. Reduce el fuego a medio bajo, sazona con sal y pimienta y cuece con tapa. Mueve de tanto en tanto, hasta que los frijoles comiencen a ablandarse, alrededor de una hora con 45 minutos.

2. Mientras tanto, prepara un pico de gallo con el chile jalapeño picado, la cebolla picada, el cilantro y el jitomate en un recipiente pequeño hasta que se mezclen.

3. Sirve los frijoles en tazones para mesa y agrégales pico de gallo encima.

Nota de cocina: *si te quedan sobras de este platillo, solo machácalas y fríelas en una sartén con ¼ de taza de aceite para obtener unos rápidos frijoles refritos al día siguiente.*

CHILES TOREADOS

4 PORCIONES

Estos chiles y cebollas asados a la plancha
son un aderezo genial para los tacos.

12	chiles serranos, cortados por la mitad a lo largo
2	cucharadas de aceite
1	cebolla blanca mediana, en rebanadas longitudinales finas
	Sal *kosher*, al gusto
¼	de taza de consomé de pollo o agua
	Jugo de un limón.

1. Calienta una sartén de doce pulgadas a fuego alto. Agrega los chiles y ásalos. Muévelos de tanto en tanto, hasta que se chamusquen parejos, alrededor de 14 minutos. Agrega el aceite y la cebolla, sazona con sal y fríe. Mueve de vez en cuando hasta que la cebolla esté suave y un poco chamuscada, alrededor de 8 minutos.

2. Agrega el consomé o el agua y el jugo a la sartén y revuelve, raspando el fondo, hasta que la mitad del líquido se haya evaporado, alrededor de 2 minutos. Retira del fuego y sirve caliente.

Nota de cocina: *para obtener un platillo menos picante, retira las semillas y las venas de los chiles antes de asarlos.*

Postres y bebidas

*Los ricos y contrastantes ingredientes
(frutas tropicales, azúcar morena no refinada,
canela y otras especias) hacen irresistibles
estos sencillos postres y bebidas.*

CHURROS

RINDE PARA 34 CHURROS

Rubén Ortega, chef ejecutivo de pastelería en el Backstreet Café en Houston, Texas, y nativo de Puebla, nos compartió la receta de estas frituras largas y aflautadas. En México, a menudo se sirven con chocolate caliente y espeso para remojarlas.

6 cucharadas de mantequilla sin sal

1 cucharadita de sal *kosher*

1 cucharadita de extracto de vainilla

1 varita de canela, de preferencia canela mexicana

2¼ tazas de harina

1 huevo

2 tazas de azúcar

1 cucharada de canela molida, de preferencia canela mexicana

Aceite para freír.

1. Hierve la mantequilla, la vainilla, la canela y 2¼ tazas de agua en una cacerola de 4 cuartos a fuego medio alto. Retira y desecha la varita de canela. Después agrega la harina; cuece. Mueve constantemente con una cuchara de madera hasta formar una masa suave, alrededor de 5 minutos. Transfiere la masa a un recipiente y agrega el huevo; bate vigorosamente hasta que la masa esté suave. Transfiere la masa a una manga pastelera con punta de estrella de ⅜ de pulgada y reserva. Mientras tanto, combina el azúcar y la canela en una bolsa grande de papel para pan o en una charola para hornear de 9 x 13 pulgadas; reserva.

2. Vierte dos pulgadas de aceite en una olla de hierro de 8 cuartos y calienta a fuego medio alto hasta que en el termómetro para aceite marque 200 °C. Por tandas, sostén la manga encima del aceite y oprímela para dejar salir alrededor de seis pulgadas de masa. Corta cada fritura de la manga con unas tijeras. Fríe los churros hasta que se doren, alrededor de 2 minutos.

3. Transfiere los churros a toallas de papel absorbente para que se escurran un poco y luego colócalos en la bolsa o la charola con el azúcar y la canela. Sacude la bolsa o haz rodar los churros en el azúcar hasta que estén cubiertos por completo. Repite con el resto de la masa que está en la manga pastelera. Sirve los churros de inmediato.

Nota de cocina: *meter las frituras a una bolsa grande de papel con el azúcar y la canela te permite lograr una cobertura más sencilla y también simplifica la limpieza.*

CAMOTES

6 PORCIONES

Este platillo dulce y cítrico, bañado con un almíbar preparado con piloncillo, o azúcar morena no refinada, puede servirse como guarnición o como postre.

500 g de piloncillo en trozos o tres tazas de azúcar morena de paquete

1 taza de jugo fresco de naranja

1 kg de camotes, pelados y cortados en trozos de 6 cm

1 varita de canela de 7 cm, de preferencia canela mexicana

1 pieza de jengibre de 3 cm, pelada y finamente picada

Cáscara de una naranja, sin la parte blanca, picada

2 cucharaditas de jugo fresco de limón

Sal *kosher*, al gusto.

1. Calienta el piloncillo, el jugo de naranja y ½ taza de agua en una cacerola de 6 cuartos a fuego medio alto. Revuelve con frecuencia hasta que el piloncillo se disuelva, alrededor de 10 minutos. Agrega los camotes, la canela, el jengibre y la cáscara de naranja; reduce el fuego a medio bajo y cuece con la cacerola tapada. Mueve de tanto en tanto, hasta que los camotes estén suaves, alrededor de 30 minutos.

2. Con una cuchara ranurada, transfiere los camotes a un platón grande para mesa y continúa con la cocción del líquido hasta que adquiera consistencia de almíbar, alrededor de 30 minutos más.

3. Agrega el jugo de limón y una pizca de sal y vierte el almíbar sobre los camotes. Sirve caliente o a temperatura ambiente.

Nota de cocina: *diferentes tipos de calabazas, incluso las zanahorias, pueden sustituir o suplementar a los camotes en esta receta.*

FRUTOS DEL NOPAL

A finales del verano en México, los espinosos frutos con forma de pera del nopal, las tunas, se encuentran por todas partes. Se comen como bocadillos y aparecen en dulces, bebidas y jaleas. Las tunas pueden emplearse como tú usarías una manzana: en ensaladas, por ejemplo, o en tartas. Las protuberancias en la piel contienen espinas, pero se eliminan con facilidad si rebanas los extremos de la fruta, haces incisiones a lo largo y retiras la corteza para revelar la apetitosa pulpa. He aquí algunas variedades que puedes encontrar en los mercados mexicanos.

❶ La siempre disponible **cardona** tiene semillas suaves y un sabor agridulce. ❷ El alto contenido de agua del floral **cuerno de venado** y el diminuto tamaño de sus semillas lo convierten en un favorito para los bocadillos.

❸ La **platanera** tiene un sabor similar al del plátano.

❹ La **cristalina**, también conocida como **zarca**, es jugosa, crujiente y su sabor es semejante al del durazno.

❺ La **naranjona** tiene un sabor dulce, como de miel, sutilmente picante. ❻ El salvaje **xoconostle** tiene una cáscara amarga que es comestible y que en ocasiones se utiliza en sabrosos guisos.

❼ La **Juana** (a veces se le conoce como **roja**) contiene semillas grandes y correosas y una pulpa ácida y carmesí. ❽ La **roja pelona**, similar al kiwi en sabor, está libre de espinas.

BUDÍN DE PAN MEXICANO CON SALSA DE RON

DE 8 A 10 PORCIONES

Esta versión mexicana del budín de pan estilo cajún está repleta de cubos de calabaza y ciruelas pasas. La receta proviene de la chef Susana Trilling de la Escuela de Cocina Seasons of My Heart en Oaxaca.

PARA EL BUDÍN DE PAN:

10	cucharadas de mantequilla sin sal, derretida
¾	de taza de pasas
4	tazas de leche
1½	tazas de azúcar
2	cucharadas de licor *Grand Marnier*
2	cucharaditas de extracto de vainilla
1	cucharadita de canela en polvo
1	cucharadita de nuez moscada en polvo
¼	de cucharadita de sal *kosher*
4	huevos ligeramente batidos
1	calabaza mediana, pelada y cortada en cubos de media pulgada
170	g de pan blanco duro, cortado en cubos de 2.5 cm

PARA LA SALSA:

1½	tazas de azúcar morena de empaque
8	cucharadas de mantequilla sin sal
½	taza de crema espesa
¼	de taza de ron
¼	de cucharadita de sal *kosher*
	Crema batida para servir.

1. Prepara el budín de pan: calienta el horno a 175 °C. Engrasa un refractario para hornear de vidrio o de cerámica de 9 x 13 pulgadas con un poco de mantequilla y reserva. Coloca las pasas en un recipiente pequeño y cúbrelas con agua hirviendo; déjalas reposar por 10 minutos.

2. Mientras tanto, bate la mantequilla derretida, la leche, el azúcar, el licor *Grand Marnier*, la vainilla, la canela, la nuez moscada, la sal y los huevos en un recipiente grande hasta formar una pasta suave. Escurre las pasas y mézclalas con la pasta, junto con la calabaza y el pan; deja reposar por 10 minutos. Vierte la mezcla en el refractario para hornear que has engrasado y cúbrelo con papel de aluminio. Hornea durante 50 minutos, retira el papel de aluminio y continúa horneando hasta que el budín de pan se haya dorado, alrededor de una hora más.

3. Prepara la salsa: hierve el azúcar, la mantequilla, la crema espesa, el ron y la sal en una cacerola de dos cuartos a fuego medio alto y cuece hasta que el azúcar se haya disuelto y la salsa espese un poco, alrededor de 5 minutos; resérvala y mantenla caliente.

4. Para servir, coloca una cucharada de budín de pan en cada tazón para mesa, báñalo con la salsa y corona con una porción generosa de crema batida.

Nota de cocina: *diferentes tipos de calabazas, incluso el camote, pueden sustituir a la calabaza en esta receta.*

PALETAS DE MANGO CON CHILE

RINDE PARA 8 PALETAS HELADAS

Las paletas de hielo son una golosina congelada adorada en México;
el mango con chile es solo uno de los cientos de sabores que se preparan
en las paleterías de todo el país.

1	taza de jugo de mango comprado en tienda
¼	de taza de azúcar
2	cucharaditas de jugo de limón fresco
1	cucharadita de chile ancho en polvo
1	mango grande, pelado, sin semilla y cortado en cubos pequeños.

1. Calienta el jugo de mango, el azúcar, el jugo de limón y ½ taza de agua en una cacerola de un cuarto a fuego medio alto y bate hasta que el azúcar se disuelva. Transfiere la mezcla a un recipiente y refrigera hasta que esté helada.

2. Revuelve el chile en polvo y los cubitos de mango en la mezcla fría y vierte en ocho moldes para paletas de ochenta gramos. Inserta un palito de paleta en cada molde y congela hasta que las paletas estén sólidas, alrededor de 3 horas más.

3. Para liberar las paletas heladas de los moldes, pasa rápido las bases de los moldes por agua fría.

Nota de cocina: *si no hay mango disponible, sustitúyelo por papaya, maracuyá o incluso zarzamoras y sus respectivos jugos para preparar estas paletas.*

MICHELADA

RINDE 1 VASO

El nombre de este refrescante coctel combina el modismo mexicano para "cerveza fría", *chelada*, y el apodo del cantinero Michel Esper, de quien se dice que la creó en el Club Deportivo Portofino en San Luis Potosí, México.

1 cuña de limón

Sal *kosher*

1 cucharada de jugo de limón

¼ de cucharadita de salsa *Worcestershire*

¼ de cucharadita de salsa picante mexicana

1 botella de *lager* mexicana, como la *Tecate*

1 chile jalapeño en escabeche.

1. Frota el borde de un vaso alto con la cuña de limón. Sumerge el borde del vaso en un tazón pequeño con sal *kosher*. Agrega el jugo de limón, salsa *Worcestershire* y salsa picante en el vaso y agrega hielo triturado hasta la mitad del vaso.

2. Vierte la cerveza hasta un poco abajo del aro de sal y mezcla para combinar. Adorna con un chile jalapeño en escabeche, si lo deseas.

Nota de cocina: *para preparar micheladas para una fiesta, multiplica y mezcla todos los ingredientes, excepto el hielo y la cerveza, en una jarra. A medida que llegan tus invitados, sirve porciones de la mezcla en los vasos y luego llénalos con hielo y cerveza.*

MARGARITA CLÁSICA

RINDE 2 VASOS BAJOS

El tequila, un licor elaborado con el agave azul de México,
tiene un sabor vigoroso y salado que acompaña muy bien con el limón agrio
en esta clásica bebida, sencilla pero deliciosa.

120 ml de tequila blanco,
como el *Herradura*

40 ml de jugo fresco
de limón

30 ml de *Cointreau*

15 ml de jarabe simple.

1. Combina el tequila, el jugo de limón, el *Cointreau*, el jarabe simple y ½ taza de hielo triturado en una coctelera; cubre y sacude hasta que enfríe, alrededor de 15 segundos.

2. Vierte en dos vasos bajos de fondo plano o vasos para coctel y llénalos con hielo.

Nota de cocina: *evita utilizar la mezcla amarga para preparar una margarita. El tequila de alta calidad y el jugo fresco de limón son la clave para obtener el complejo sabor de este sencillo coctel.*

Una mesera en un restaurante llamado Los Ángeles en Puebla, México.

LA ALACENA MEXICANA

Cilantro

Esta penetrante hierba no es nativa de México: llegó del Mediterráneo con los españoles en el siglo XVI pero se ha convertido en un ingrediente indispensable en las cocinas regionales a través de todo el país. Los cocineros mexicanos utilizan los tallos superiores, llenos de sabor, así como las hojas, después de picarlos toscamente y los agregan tanto a las salsas, las sopas y los guisos cocidos como a las salsas crudas. El cilantro picado también se esparce crudo sobre un número infinito de sabrosos platillos, a los cuales añade su brillante color y su sabor característico.

Tortillas de maíz

Las tortillas de maíz suaves se enrollan y se remojan en salsa para hacer enchiladas, se rompen y se fríen para preparar totopos y se colocan sobre la mesa para elaborar tacos *ad hoc* de todo, desde carne asada hasta huevos revueltos. Es fácil preparar las tuyas (consulta la receta en la página 56). Lo mejor es hacerlas o comprarlas recién hechas. Antes de servir, caliéntalas en una parrilla de hierro fundido a fuego medio alto, una tortilla a la vez, y voltéalas una vez, hasta que se inflen un poco y se carbonicen en algunos puntos, alrededor de un minuto y medio por lado. Envuélvelas en un paño limpio de cocina para mantenerlas calientes.

Frijoles pintos

Nativos del norte de México, estos pequeños y sencillos frijoles, con motas color beige cuando están crudos, se vuelven rojizos y cafés con la cocción. Sanos, nutritivos y sabrosos, son la base de los frijoles refritos, así como de sopas de cocción lenta. Si no tienes tiempo para remojar y cocer los frijoles secos, las versiones enlatadas, que puedes encontrar con facilidad en el supermercado, son un sustituto conveniente y rápido.

LA ALACENA MEXICANA
Continuación

Fideo

Los largos y delgados fideos mexicanos son la base de amados y reconfortantes platillos como la cacerola de fideos, conocida como sopa seca (consulta la receta en la página 55). La pasta llegó a México a finales del siglo XIX, cuando la cocina europea estaba en boga. Los fideos secos de trigo, vendidos en manojos, suelen romperse y freírse en aceite en una sartén caliente antes de ser incorporados a un platillo. La pasta cabello de ángel (*capellini*), el *vermicelli* o el espagueti pueden emplearse como sustitutos.

Limón real

Los limones reales, o limones mexicanos, del tamaño de una pelota de *ping pong*, los cuales se tornan amarillos cuando están maduros, son valorados por su copioso jugo y su acidez dinámica, que llega a su punto máximo cuando la fruta está verde y aún no está madura. Se mantienen más frescos si se envuelven sin apretar en una bolsa de plástico en el refrigerador, entre diez y catorce días. Están disponibles en la mayoría de las tiendas de alimentos, pero si no puedes encontrarlos, los limones criollos, la variedad más común en los supermercados, son un buen sustituto.

Chocolate mexicano

Más burdo que la mayoría de los chocolates para pastelería, el chocolate mexicano suele contener canela, almendras molidas y azúcar granulada. Se vende en forma de tableta y no debe comerse en esa presentación. Por el contrario, se derrite y se combina con leche o crema para preparar chocolate para beber, para mezclarse con los moles y para enriquecer cualquier cantidad de platillos adicionales, tanto dulces como salados. Está disponible en la mayoría de los supermercados y en tiendas de alimentos mexicanos.

Flor de calabaza

Gracias a los climas consistentemente cálidos en muchas partes del país, las flores de calabaza están disponibles durante todo el año en México, donde se rellenan con queso y se fríen, se cuecen en el interior de las quesadillas, se mezclan en las sopas, se colocan sobre las ensaladas y se emplean como relleno de los tacos. Puedes encontrarlas en mercados agrícolas y en algunas tiendas especializadas de alimentos en primavera y verano, aunque también puedes cultivar las propias.

Queso Cotija

Este duro y añejado queso de leche de vaca tiene un sabor penetrante, similar al del queso feta. A menudo se desmenuza y se rocía sobre los frijoles con arroz, sopas, tacos y otros platillos, a los cuales agrega textura y un toque salado. Aunque la mayoría de las tiendas lo venden (a veces está etiquetado como queso añejo o queso seco), así como también los supermercados bien surtidos, puedes sustituirlo por queso feta o requesón.

Aguacate

Los deliciosos aguacates son omnipresentes en México. El ingrediente estrella del guacamole también se corta en rebanadas para ensaladas y emparedados, se utiliza como guarnición y se incorpora en las salsas. La variedad Haas, de tamaño mediano, valorada por su pulpa densa y con la consistencia de la mantequilla, es ideal para el guacamole. Tiene una cáscara granulosa que prácticamente se vuelve negra cuando está maduro por completo. Cuando los compres, selecciona aguacates cuya cáscara ceda un poco al presionarlos; evita aquellos que tengan zonas sumidas o cuya piel haya comenzado a separarse de la pulpa. También puedes comprar aguacates verdes y madurarlos en casa dentro de una bolsa de papel a temperatura ambiente.

LA ALACENA MEXICANA
Continación

Chile jalapeño

Cientos de variedades de chile fresco se utilizan en la cocina mexicana; los picantes jalapeños (*Capsicum annuum*) se encuentran entre los más populares. Los chiles se utilizan para animar las salsas y otros alimentos, y escabechados y gozados como condimento. El picor de todos los chiles se concentra en la membrana blanca que sostiene las semillas a la pulpa; para atemperar el sabor, elimina las semillas y las nervaduras antes de usarlos.

Canela

La canela está hecha con la corteza rica en aceites de un árbol de Sri Lanka de la especie *Cinnamomum verum*. Es ideal como saborizante en los complejos moles y en los delicados postres. Una vez molida pierde su sabor con rapidez, de manera que muélela con un molinillo para especias cuando lo requieras.

Tomate verde

Este pariente verde claro de los jitomates, con el tamaño de una nuez, imparte un sabor agridulce y cítrico a las salsas. Cada tomate verde está envuelto en una cáscara con la consistencia del papel y con la forma de un farol que debe ser eliminada antes de cocer el fruto o de machacarlo para la salsa cruda. Los tomates verdes están disponibles en la mayoría de los mercados y supermercados. Busca aquellos que queden justos dentro de sus cáscaras y cuya pulpa esté firme y sin golpes; se mantendrán en buen estado en refrigeración durante varias semanas.

Crema

La crema ácida con sabor suave y con una consistencia viscosa se utiliza para enriquecer sopas y salsas y para aderezar enchiladas, sopas, sopas frías y cualquier cantidad de platillos. La mayoría de los mercados latinoamericanos y algunas tiendas de víveres venden la crema en frascos, pero puedes sustituirla por crema fresca o crema agria; adelgaza esta última con un poco de leche o crema de leche para que tenga una mejor consistencia para rociar.

Chorizo

A diferencia del embutido español curado y a menudo firme que lleva el mismo nombre, el chorizo al estilo mexicano es un embutido fresco de cerdo. Aderezado con chiles secos, vinagre, cilantro y ajo y luego cocido, el levemente picante chorizo se esparce, desmenuzado, sobre cualquier platillo: desde papas fritas hasta tacos.

Semillas de comino

En todo México las semillas de comino se muelen y se agregan, junto con otras especias, a los marinados, los moles y los guisos. A pesar de que los cocineros mexicanos suelen tostar las semillas en la sartén antes de molerlas para acentuar su sabor, el comino tiende a emplearse con moderación, de manera que no opaque al platillo. Las semillas enteras, que pueden molerse en un molino para especias, están disponibles en los supermercados. Sin embargo, es aún más sencillo utilizar comino molido. No obstante, el comino molido pierde su sabor con el paso del tiempo, de manera que úsalo en un lapso de seis meses posteriores a la compra.

MEZCAL

El mezcal, uno de los licores nacionales de México, se ha elaborado desde las épocas precolombinas mediante el tueste, el machacamiento y la fermentación del corazón de la espinosa planta del agave (también conocida como maguey) y luego se destila la pasta resultante. Entre los numerosos y distintos estilos regionales, el que se elabora cerca del pueblo de Tequila, en Jalisco, es el más popular. El tequila, que puede elaborarse solo con el agave azul, cada vez se produce más mediante procesos mecanizados. A pesar de que la bebida es más suave que el mezcal tradicional, también es menos expresivo del lugar donde se elabora y de la planta misma. Los aficionados buscan licores de producción artesanal, elaborados con métodos que no han cambiado en varias generaciones. En el vigorizante extremo de ellos se encuentran los mezcales jóvenes y claros. Aunque son grandiosos para cocteles, en México suelen ofrecerse para degustarse derechos, acompañados por rebanadas de naranja y sal de gusano mezclada con sal. Entre ellos se encuentra el rotundo y claro **Del Maguey Chichicapa** con sus sabores herbales y su fuerte toque mineral. El **Sombra,** un joven suave, despega con esencias de cenizas, tierra húmeda y césped, aunque en el sabor domina la pimienta negra y el cítrico dulce. **Del Maguey Tobalá,** elaborado con el valorado agave salvaje tobalá, ofrece sabores inesperados pero armoniosos: glaseado de pastel y cuero añejo, cáscara de limón y cacao, cera de abejas y caramelo salado. Los reposados, más melosos y añejados en barrica, son estupendos para degustar al final de una comida, como el coñac. **Los Amantes Reposado** evoca la sierra alta: humeantes agujas de pino y piedras calientes. Las notas de cereales desmienten el origen de agave de **Los Danzantes Reposado;** maíz seco, arroz inflado y cuero nuevo dominan en nariz. Su cuerpo almibarado aporta gustos de maple, pacana y mantequilla morena.

VINOS MEXICANOS

La industria vinícola mexicana es la más antigua en el continente americano. En 1524, dos años después de someter a los aztecas, el conquistador español Hernán Cortés ordenó a los colonizadores que sembraran vides. Barcos que zarparon de España trajeron esquejes al Nuevo Mundo, donde florecieron. En la actualidad, 90 % de los vinos mexicanos son producidos en la península de Baja California, en la costa noroeste del país. El Valle de Guadalupe de Baja California se encuentra a veinticinco kilómetros de la ciudad de Ensenada, donde las frías brisas del Pacífico y el abrigo de las montañas de la Sierra Nevada atemperan el seco calor sonorense, lo cual da como resultado un microclima que es ideal para cultivar las uvas. Por lo regular los vinos bajacalifornianos tienen una naturaleza más rústica que las botellas producidas más al norte, en California. La capa freática de la península es un poco salina. Puedes saborearla en vinos tintos como el **Paralelo Ensamble Arenal BA II 2008,** una mezcla especiada, salada y terrosa de cabernet-merlot que es perfecta con carne asada y otras carnes a la parrilla. También con un toque de salmuera pero con ricas notas de cereza y tocino, la mezcla de cabernet-merlot **Viñas Pijoan Leonora 2008** es un acompañante fabuloso para el ahumado y dulce mole poblano. **La Trinidad Fauno 2009,** una mezcla amaderada nebbiolo-zinfandel-cabernet con toques de tabaco y compota oscura de frutas, hace frente a platillos picantes como el asado de bodas, mientras que el contemporáneo, apimentado y herbal **Blaché Zinfandel 2008** es un vino matizado que va bien con todo, desde chiles rellenos hasta pollo guisado. Aunque muchos tintos bajacalifornianos son mezclas, los blancos son grandiosos como variedades singulares. La gama cubre desde el brillante **Paralelo Emblema 2010,** un sauvignon blanco con notas de cítricos y manzana para degustar con ceviche de camarones, hasta el **Monte Xanic Chardonnay,** con toque de mantequilla cuyos sabores a almendras tostadas y frutos tropicales lo convierten en el compañero perfecto para las cremosas enchiladas suizas.

TABLA DE EQUIVALENCIAS

Las equivalencias exactas en las siguientes tablas han sido redondeadas para tu conveniencia.

Medidas de ingredientes líquidos y secos

E.U.A.	MÉTRICO
¼ de cucharadita	1.25 mililitros
½ cucharadita	2.5 mililitros
1 cucharadita	5 mililitros
1 cucharada (3 cucharaditas)	15 mililitros
1 onza líquida	30 mililitros
¼ de taza	65 mililitros
⅓ de taza	80 mililitros
1 taza	235 mililitros
1 pinta (2 tazas)	480 mililitros
1 cuarto (4 tazas, 32 onzas líquidas)	950 mililitros
1 galón (4 cuartos)	3.8 litros
1 onza (por peso)	28 gramos
1 libra	454 gramos
2.2 libras	1 kilogramo

Medidas de longitud

E.U.A.	MÉTRICO
⅛ de pulgada	3 milímetros
¼ de pulgada	6 milímetros
½ pulgada	12 milímetros
1 pulgada	2.5 centímetros

Temperaturas del horno

FAHRENHEIT	CELSIUS	GAS
250°	120°	½
275°	140°	1
300°	150°	2
325°	160°	3
350°	180°	4
375°	190°	5
400°	200°	6
425°	220°	7
450°	230°	8
475°	240°	9
500°	260°	10

ÍNDICE ANALÍTICO

A

Alacena mexicana, la
  Materias primas **103-107**
A la mexicana, huevos **64**
Arroz a la mexicana **81**

B

Budín de pan mexicano con
  salsa de ron **95**

C

Cacahuate y chile de árbol,
  salsa de **36**
Camarones, pico de gallo con
  40
Camotes **91**
Cebollas en escabeche **78**
Ceviche de camarones **27**
Chiles
  Asado de bodas **67**
  Chipotles caseros en salsa de
    adobo **35**
  Cómo remojar **42**
  Enchiladas de mole rojo **63**
  Enchiladas suizas **71**
  Mole poblano de pollo **51**
  Paletas de mango con chile **96**
  Papas con rajas **77**
  Pollo guisado **59**
  Pollo horneado **52**
  Salsa de cacahuate y chile de
    árbol **36**
  Salsa roja **31**
  Secos **10**
  Tacos de carne asada **60**
  Toreados **85**
Chipotles caseros en salsa de
  adobo **35**
Churros **88**

D

De la olla, frijoles **82**

E

Elotes **24**
Enchiladas de mole rojo **63**
Escabeche de cebolla **78**

F

Flor de calabaza, quesadillas de
  19
Frijoles
  Frijol con puerco **48**
  Frijoles de la olla **82**
  Molletes **23**
  Frutos del nopal **92**

G

Guacamole **15**

H

Habas, sopa de **20**
Huevos a la mexicana **64**

M

Margarita clásica **100**
Mexicana, arroz a la **81**
Mexicana, huevos a la **64**
Mexicanos, vinos **109**
Mezcal **108**
Michelada **99**
Mole poblano de pollo **51**
Molletes **23**

P

Paletas de mango con chile **96**
Papas con rajas **77**
Papa, tacos de **72**
Para preparar tortillas de maíz
  56
Pescados y mariscos
  Ceviche de camarones **27**
  Pico de gallo con camarones
    40
Piña picante, salsa de **45**
Pollo
  Enchiladas suizas **71**
  Mole poblano de pollo **51**
  Pollo guisado **59**
  Pollo horneado **52**
Puerco
  Asado de bodas **67**
  Frijol con puerco **48**
  Costillas de puerco en salsa
    verde **68**

Q

Quesadillas de flor de calabaza
  19

R

Rajas, papas con **77**
Roja, salsa **31**

S

Salsa de piña picante **45**
Salsas
  Chipotles caseros en salsa de
    adobo **35**
  Frijoles de la olla **82**
  Molletes **23**
  Pico de gallo con camarones
    40
  Salsa de cacahuate y chile de
    árbol **36**
  Salsa de piña picante **45**
  Salsa roja **31**
  Salsa verde **32**
  Sikil p'ak **39**
  Tacos de carne asada **60**
  Tacos de papa **72**
Seca, sopa **55**
Sikil p'ak **39**
Sopa
  Frijol con puerco **48**
  Sopa de habas **20**
  Sopa de tortilla **16**
  Pollo guisado **59**
Sopa seca **55**

T

Tacos de carne asada **60**
Tacos de papa **72**
Toreados, chiles **85**
Tortilla, sopa de **16**
Tortillas de maíz, para
  preparar **56**

V

Verde, salsa **32**
Vinos mexicanos **109**

RECONOCIMIENTOS

Esperamos que las recetas de este libro sean fáciles de preparar para cualquiera, ¡pero hemos aprendido que crear un libro como este nunca es fácil! Me gustaría agradecer a todas las personas que contribuyeron a *Comida mexicana fácil*, en especial al personal de cocina de prueba de *Saveur*: Ben Mims y Kellie Evans y sus asistentes, Jeanna DeMarco, Katharine Hamlin y Kristin Piegza por su incesante búsqueda de perfección en las recetas. También a Todd Coleman, quien no solo supervisó la cocina de prueba sino también tomó la mayoría de las fotografías en esta edición. Betsy Andrews invirtió incontables horas en asegurarse de que el texto fuera poético y obtuvo el excelente apoyo de Gabriella Gershenson y Beth Kracklauer, una de nuestras expertas en la cultura de la comida mexicana. Karen Shimizu redactó "La alacena mexicana", además de verificar todos los hechos que aparecen en el libro. Dave Weaver diseñó las páginas y Eric Powell se desprendió de su trabajo diurno como director de arte de *Garden Design* para hacerlas destacar. La magnífica directora de fotografía, Chelsea Lobser, buscó y encontró entre miles de fotografías. Y Greg Ferro se encargó de que el tren marchara a su horario y en sus rieles. También quisiera agradecer a Terry Newell y a Hannah Rahill, así como a sus colegas Amy Mart, Emma Boys, Lauren Charles y Jennifer Newens, quienes siempre nos ayudaron a comprender los numerosos misterios de la producción de libros.

James Oseland, editor en jefe

Título original: *Easy Mexican*
Diseño: Dave Weaver
Traducción: Martha Baranda
Adaptación de formato: Alejandra Romero

Publicado originalmente por Weldon Owen, Inc
Concebido y producido con *SAVEUR* por Weldon Owen Inc.
SAVEUR y Weldon Owen son divisiones de BONNIER
Primera edición: 2013

CRÉDITOS DE FOTOGRAFÍAS
Penny De Los Santos 76; **Landon Nordeman** 90, 94; **James Oseland** 65; **Brenda Weaver** (ilustraciones) 42, 43; todas las demás, **Todd Coleman.**

© Weldon Owen Inc.
© 2014, Editorial Planeta Mexicana, S.A. de C.V.
Bajo el sello editorial PLANETA M.R.
Avenida Presidente Masarik núm. 111, 2o. piso
Colonia Chapultepec Morales
C.P. 11570, México, D.F.
www.editorialplaneta.com.mx

Primera edición en español: septiembre de 2014
ISBN: 978-607-07-2167-0